CHORO
Duetos
VOL.2

PIXINGUINHA & BENEDITO LACERDA

Coordenação de Mário Sève e David Ganc

- Inclui acesso aos áudios com 12 músicas:
faixas integrais e em play-a-long para todos os instrumentos.

- Inclui cadernos para instrumentos em C, B♭ e E♭.

Nº Cat.: 330-A

Irmãos Vitale Editores Ltda.
vitale.com.br
Rua Raposo Tavares, 85 São Paulo SP
CEP: 04704-110 editora@vitale.com.br Tel.: 11 5081-9499

© Copyright 2011 by Irmãos Vitale Editores Ltda. - São Paulo - Rio de Janeiro - Brasil.
Todos os direitos autorais reservados para todos os países. *All rights reserved.*

CIP-BRASIL CATALOGAÇÃO-NA-FONTE
SINDICATO NACIONAL DOS EDITORES DE LIVROS, RJ

P764c
v.2

Pixinguinha, 1898-1973
   Choro duetos, vol. 2 / Pixinguinha & Benedito Lacerda ; coordenação de Mário Sève e David Ganc. - 1.ed. - São Paulo : Irmãos Vitale, 2011.
   88p. : música

Inclui cadernos para instrumentos em C, B♭ e E♭

ISBN 978-85-7407-328-6

   1. Choros (Música). 2. Partituras. I. Lacerda, Benedito, 1903-1958. II. Sève, Mário, 1959-. III. Ganc, David, 1958-. IV. Título.

11-2195.   CDD: 782.42164
                    CDU: 78.067.26

19.04.11   25.04.11   025882

CRÉDITOS:
Projeto gráfico e capa
Marcia Fialho
Foto da capa
Arquivo Irmãos Vitale
Foto da quarta capa
Claudia Elias
Revisão ortográfica
Marcos Roque
Versão em inglês
Otacílio Barros
Transcrição e organização
Mário Sève e David Ganc
Editoração eletrônica e formatação musical
Marcos Teixeira
Gerente de projeto
Denise Borges
Produção executiva
Fernando Vitale

CRÉDITOS DOS ÁUDIOS:
Gravado por
David Ganc no Estúdio Ipanema, março de 2011
Produzido por
David Ganc e Mário Sève
Mixagem e masterização
David Ganc e Mário Sève
Músicos:
David Ganc - flauta e piccolo
Mário Sève - sax tenor
Rogério Souza - violão 7 cordas
Márcio Almeida - cavaquinho e banjo
Celsinho Silva - percussão

ÍNDICE
CONTENTS

Nota dos autores — 5
Authors' note — 7
Sobre os autores — 9
About the authors — 11

Músicas
Songs
  1. Aguenta seu Fulgêncio — 14
  2. André de sapato novo — 16
  3. Atraente — 18
  4. Cheguei — 20
  5. Cochichando — 22
  6. Displicente — 24
  7. Ele e eu — 26
  8. Língua de preto — 28
  9. Matuto — 30
  10. O gato e o canário — 32
  11. Só para moer — 34
  12. Urubatã — 36

Arquivos de áudio *play-a-long* em MP3 estão disponíveis para *download* gratuito em:

vitale.com.br/downloads/audios/330-A.zip

ou através do escaneamento do código abaixo:

Obs.: Caso necessário, instale um software de descompactação de arquivos.

NOTA DOS AUTORES

Choro duetos – Pixinguinha e Benedito Lacerda vem preencher uma lacuna histórica: pela primeira vez os contrapontos criados pelo sax tenor de Pixinguinha foram transcritos e organizados juntamente com a melodia gravada pela flauta de Benedito Lacerda para serem estudados e praticados em diversas formações instrumentais.

O trabalho foi elaborado a partir da audição das antológicas gravações que a dupla realizou nos anos 1940.

Neste segundo volume foram selecionadas 12 músicas, gravadas em disco ou apenas executadas pelo duo em programas de rádio. Entre elas, estão incluídas obras de outros autores, além daquelas de autoria de Pixinguinha e Benedito Lacerda.

Livro de partituras
As músicas estão dispostas com a melodia na página à esquerda e o contraponto na página à direita para que dois músicos possam, juntos, ler as duas vozes.

Escrevemos inicialmente as partituras da flauta (em C, a ser executada uma oitava acima) e do sax tenor (em B♭, soando naturalmente uma oitava abaixo); assim, elas se tornam as referências para todas as transposições realizadas.

Elas foram ordenadas ainda em três versões, cada qual com 12 músicas e respectivos contrapontos e melodias.

A primeira versão (no corpo do livro) é em C, para instrumentos não transpositores, com melodia na clave de Sol e contraponto na clave de Fá.

As outras duas versões, em B♭ e E♭ anexas, são para os instrumentos transpositores.

Nas partituras em E♭ em algumas melodias em B♭ e no contraponto em C foram feitas adaptações de oitavas, ou algumas poucas trocas de notas em relação às melodias originais, devido à diferente tessitura dos instrumentos ao utilizar este livro.

Uma grande variação de instrumentos musicais pode usufruir deste trabalho. Além da flauta, do bandolim, violino, piano, acordeão e oboé (instrumentos em C que lêem na clave de Sol) podem ser utilizados o violoncelo, o piano, o contrabaixo, o trombone e o fagote (em C na clave de Fá), o sax tenor, o sax soprano, a clarineta, o clarone e o trompete (em B♭), o sax alto e o sax barítono (em E♭).

Assim, as músicas podem ser tocadas com as seguintes sugestões de duos: flauta e sax tenor; sax soprano e sax tenor; violino e violoncelo; trompete e trombone; bandolim e violão; clarineta e clarone; oboé e fagote; acordeão e sax barítono; piano e baixo; e ainda outras combinações possíveis, já que melodia e contraponto estão disponíveis para todos os instrumentos. Deve-se lembrar sempre que o duo original é o de flauta (oitava acima) e sax tenor, que soam com diferença de uma a duas oitavas. Portanto, dentro do possível, as outras formações devem respeitar essa relação.

Importante ressaltar também, como é comum na linguagem do choro, que os intérpretes tocam a cada repetição de forma diferente, ornamentando e embelezando as frases melódicas. Ao vivo, Pixinguinha sempre improvisava novos contrapontos, mostrando toda sua genialidade.

Certos contrapontos, nas gravações da dupla, ficaram cristalizados. Optou-se, nas músicas selecionadas neste livro, pelas melhores versões de cada parte (A, B e C), às vezes fundindo-se frases tocadas nas diversas repetições.

Os áudios
Com os áudios, você poderá se deleitar escutando ou praticando junto. As primeiras 12 músicas podem ser escutadas como um CD de áudio tradicional. As restantes são bases de violão, cavaquinho e percussão, sem flauta e sem sax tenor.

Nas faixas 1 a 12, as músicas foram gravadas integralmente, com melodia e contraponto executados pelos autores David Ganc (flauta e piccolo) e Mário Sève (sax tenor), acompanhados de Rogério Souza (violão), Márcio Almeida (cavaquinho e banjo) e Celsinho Silva (percussão).

A melodia (flauta) e o contraponto (sax tenor) foram interpretados da seguinte forma: nas primeiras vezes de cada parte (A, B e C) tocou-se fielmente a partitura e nas repetições utilizou-se uma forma mais livre, como habitualmente ocorre no choro.

Observe ainda que, se você posicionar o pan de seu sistema de som completamente para o lado direito, ouvirá a flauta e a base sem o sax, podendo praticar o contraponto. Se fizer o inverso, você ouvirá o sax e a base, sem a flauta, podendo praticar a melodia.

Na faixa 13 está gravada a nota Lá 440 Hz, quatro vezes, para você afinar seu instrumento.

Nas faixas 14 a 27, as mesmas músicas das faixas 1 a 12 estão registradas apenas com a base de violão, de pandeiro e de cavaquinho. Assim, você poderá praticar com o grupo, invidualmente ou em duo, fazendo a melodia ou o contraponto. Repare que, antes de cada música, escuta-se a contagem de dois compassos e, posteriormente, três tempos (nos temas com anacrusa) ou quatro tempos (sem anacrusa).

As faixas 26 e 27, respectivamente, "Aguenta Seu Fulgêncio" e "O gato e o canário" - incluídas como faixas bônus - foram gravadas, para fins de estudo, com andamento mais lento.

Nas músicas "André de sapato novo" (faixas 2 e 15) e "Atraente" (faixas 3 e 16), compassos de ossia indicam a maneira como as fermatas, cesuras e rittardandos foram executados nas bases gravadas.

Após tocar as melodias e os contrapontos do livro, comece a praticar seu improviso e a criar suas linhas melódicas. Para isso, a harmonia está escrita em todas as partituras. Nos compassos sem cifras deve ser repetido o acorde do compasso anterior.

Observe que no canto esquerdo superior de cada partitura estão anotadas as transposições (C, B♭ ou E♭), os números das faixas correspondentes dos áudios (integral e base) e a referência de andamento (semínima =).

Assim como nós, você vai ficar maravilhado por desvendar o pensamento musical de Pixinguinha e de Benedito Lacerda, desfrutar de suas músicas, de seus arranjos e de todas as possibilidades deste livro.

David Ganc e Mário Sève
Rio de Janeiro, 14 de março de 2011

AUTHORS' NOTE

Choro duets – Pixinguinha e Benedito Lacerda *fills a historical gap: for the first time the counterpoints created by Pixinguinha's tenor sax were transcribed and organized along with the melodies recorded by Benedito Lacerda's flute to be studied and practiced in various instrumental formations. The audition of the anthological recordings made by the duo in the 1940s was the basis for this work.*

For this second volume we selected 12 songs recorded on disc or simply performed by the duo on radio broadcasts. Among these are included the works of other authors, besides those written by Pixinguinha and Benedito Lacerda.

Songbook
All songs are arranged with the melody on the left page and the counterpoint on the right-hand page so that two performers will be able to read together the two voices.

To begin with we wrote the flute (in C, to be played one octave higher) and the tenor sax (in B♭, sounding an octave below, naturally) scores; so they become the reference for all the transpositions made.

They were also ordered in three versions, each with 12 songs and their melodies and counterpoints.

The first version (in the body of the book) is in C, for non-transposing instruments, with the melody in the treble clef and the counterpoint in the bass clef.

The two other versions attached, in B♭ and in E♭, are for the transposing instruments.

In the scores in E♭, in some melodies in B♭ and the counterpoint in C we made some adaptations in the octaves, or a few changes of notes related to the original melodies, due to the different ranges of the instruments to be used with this book.

This work can be enjoyed by a wide range of musical instruments. Besides the flute, the mandolin, the violin, the piano, the accordion and the oboe (C instruments that read the treble clef), the cello, the piano, the bass, the tuba, the bassoon (in C in the bass clef), the tenor sax, the soprano sax, the clarinet, the bass clarinet, the trumpet (in B♭), the alto sax and the baritone sax (E♭) can also be used.

Thus, the songs can be played with the following suggested duos: flute and tenor sax, soprano sax and tenor sax, violin and cello, trumpet and trombone, mandolin and guitar, clarinet and bass clarinet, oboe and bassoon, accordion and baritone sax; piano and bass; and there are several other possible combinations, as melody and counterpoint are available for all instruments. It should always be remembered that the original duo is the one that joins the flute (an octave higher) and the tenor sax, and they sound two octaves distant. Therefore, where possible, other formations must respect this relationship.

It's also important to remark that, as it's usual in the language of choro, the performers play each repetition differently, ornamenting and embellishing the melodic phrases. In his live performances, Pixinguinha always improvised new counterpoints, displaying all his genius.

On the duo's recordings some counterpoints were consolidated. In this book's selected songs the best versions of each part were chosen (A, B and C), sometimes merging phrases played on several repetitions.

Play-a-long
The audio that comes with this book can be enjoyed simply through its audition or by practicing along. The first 12 songs can be heard as a normal audio CD. The remaining are guitar, cavaquinho and percussion bases, without the flute and the tenor sax.

On tracks 1 to 12, the songs were recorded in full, with melodies and counterpoints performed by the authors David Ganc (flute and piccolo) and Mário Sève (tenor sax), joined by Rogério Souza (guitar), Márcio Almeida (cavaquinho and banjo) and Celsinho Silva (percussion).

The tune (flute) and the counterpoint (tenor sax) were interpreted as follows: the first time each part was performed (A, B and C) the performances were faithful to the score. On the replays a freer form was used, as it usually happens in choro.

Also note that if you place your sound system's pan to the right side, you'll hear the flute and the base without the sax, and you'll be able to practice the counterpoint. If you do the reverse, you'll hear the sax and the base without the flute, and you'll be able to practice the melody.

On track 13 the note A (440 Hz) is recorded four times, for you to tune your instrument.

On tracks 14 to 27, the same songs from tracks 1 to 12 appear with the guitar, the tambourine and the banjo bases only. So, you'll be able to practice with a group, individually or in a duo, performing the melody or the counterpoint. Note that before each song, you can hear the count of two bars and then three times (in themes with a pick up) or four times (no pick up).

Tracks 26 and 27, respectively, "Aguenta Seu Fulgêncio" and "O gato e o canário" - included as bonus tracks - were recorded with slower tempo, for study purposes.

The songs "André de sapato novo" (tracks 2, 15) and "Atraente" (tracks 3 and 16), ossi bars indicate the way fermatas, caesuras and rittardandos were executed.

After playing the melodies and the counterpoints of the book, feel welcome to practice your improvisations and create your own melodic lines. For this, the harmony is written in all scores. In bars without chords the previous bar's chord must be repeated.

Please note that the transpositions (C, B♭ or E♭), the numbers of the corresponding audio tracks (the complete arrangements and the bases) and the tempo reference (a quarter note =) can be seen in the the upper left corner of each sheet.

Just like us, you'll be amazed to discover Pixinguinha's and Benedito Lacerda's musical thinking, enjoy their music, their arrangements and all the possibilities of this book.

David Ganc e Mário Sève
Rio de Janeiro, March 14th, 2011

SOBRE OS AUTORES

Mário Sève

Saxofonista, flautista, compositor e arranjador, integrante e fundador dos quintetos Nó em Pingo D'Água e Aquarela Carioca, com os quais gravou 12 discos e recebeu muitos prêmios. Integra o grupo de Paulinho da Viola desde 1996.

Mário Sève escreveu o livro *Vocabulário do choro* (1999) e coordenou o *Songbook do choro* (2007), lançados pela Editora Lumiar. Produziu, de 2000 a 2004, o festival anual Riochoro, onde reuniu grandes nomes do gênero. Foi diretor artístico do Centro de Referência da Música Carioca (2007 a 2009). Participou, como compositor, do Festival da Música Brasileira (TV Globo, 2000), do Festival da Cultura (TV Cultura, 2005) e do Prêmio Visa (2006). Foi premiado nos festivais de Avaré (FAMPOP) e Chorando no Rio. É parceiro, entre outros, de Guilherme Wisnik, Mauro Aguiar, Cecilia Stanzione, Chico César, Paulinho da Viola, Nelson Ângelo, Pedro Luís, Geraldo Carneiro e Sérgio Natureza.

Mário Sève gravou os CDs *Bach & Pixinguinha* (2001), com Marcelo Fagerlande; *Choros, por que sax?* (2004), com Daniela Spielmann; *Pixinguinha + Benedito* (2005), com David Ganc; e *Casa de todo mundo* (2007), com suas composições e várias participações especiais. Atuou ainda com Ney Matogrosso, Alceu Valença, Dona Ivone Lara, Geraldo Azevedo, Guinga, Toquinho, Ivan Lins, Leila Pinheiro, Zeca Pagodinho, Moraes Moreira e diversos artistas da MPB. Em 2008, Carol Saboya lançou um CD com canções exclusivas de Mário Sève.

Site: <www.myspace.com/marioseve>.
E-mails: <marioseve@gmail.com> e <marioseve@uol.com.br>.

David Ganc

Flautista, saxofonista, arranjador

David Ganc, carioca, iniciou sua carreira nos anos 1970 na banda A Barca do Sol. Lançou quatro CDs solo: *Baladas brasileiras*; *Caldo de cana*; *David Ganc & quarteto de cordas Guerra Peixe interpretam Tom Jobim*, indicado para o Prêmio Tim de Música 2005; e *Pixinguinha + Benedito*, com Mário Sève.

Foi professor de flauta e saxofone do 1º Festival de Música Instrumental Brasileira, dirigido por Toninho Horta, realizado em Ouro Preto, MG, em 1986. Além de extensa atividade como professor particular, David Ganc lecionou nos Seminários de Música Pro-

Arte do Rio de Janeiro e no projeto Villa-Lobinhos. Em 2007, Ganc ministrou curso de flauta no Centro Municipal de Referência da Música.

Entre produção e coprodução somam-se 20 CDs. Como músico de estúdio, David Ganc ultrapassou a marca de 200 discos gravados com artistas consagrados da MPB.

Tocou em palcos de muitos países. Apresentou-se no Mellon Jazz Festival 2001, em Pittsburgh, EUA no concerto *Tones of nature*, um tributo a Tom Jobim. Realizou turnê de seu CD *Caldo de cana* no Sul dos EUA.

Participou do CD *Sopro contemporâneo brasileiro* – uma seleção dos melhores instrumentistas de sopro do Brasil – lançado em 1994 pelo selo Visom Digital. Participou ainda do CD *Os bambas da flauta* (Kuarup, 2003), que reúne os expoentes brasileiros deste instrumento.

Site: <http://www.davidganc.com>.
E-mails: <dganc@terra.com.br> e <davidganc@gmail.com>.

ABOUT THE AUTHORS

Mário Sève

Mário Séve is a saxophonist, a flutist, a composer and an arranger, and a member of the Nó em Pingo D'Água and Aquarela Carioca quintets, with whom he recorded 12 albums and received many awards. He's a member of the Paulinho da Viola band since 1996.

Mário Sève wrote the book Vocabulário do Choro *(1999) and was the coordinator of* Songbook do Choro *(2007), both released by Editora Lumiar. He produced, between 2000 to 2004, the RioChoro annual festival, where he reunited the genre's best performers. He was the artistic director of the Centro de Referência da Música Carioca (2007 to 2009). Participated as a composer of the Festival de Música Brasileira (TV Globo, 2000), the Festival da Cultura (TV Cultura, 2005) and the Visa Awards (2006). He was awarded the festivals of Avaré (FAMPOP) and Chorando Pelo Rio. He co-wrote songs with Guilherme Wisnik, Mauro Aguiar, Cecilia Stanzione, Chico César, Paulinho da Viola, Nelson Ângelo, Pedro Luís, Geraldo Carneiro and Sérgio Natureza, among others.*

Mário Sève has recorded the following CDs: Bach & Pixinguinha *(2001), with Marcelo Fagerlande;* Choros, por que Sax? *(2004), with Daniela Spielmann;* Pixinguinha + Benedito *(2005), with David Ganc; and* Casa de Todo Mundo *(2007), with his own compositions and several special guests. He has also performed with Ney Matogrosso, Alceu Valença, Dona Ivone Lara, Geraldo Azevedo, Guinga, Toquinho, Ivan Lins, Leila Pinheiro, Zeca Pagodinho, Moraes Moreira and many other MPB artists. Em 2008, Carol Saboya released a CD exclusively with Mário Sève's songs.*

Site: <www.myspace.com/marioseve>.
E-mails: <marioseve@gmail.com> e <marioseve@uol.com.br>.

David Ganc

A flutist, a saxophonist and an arranger, David Ganc was born in Rio de Janeiro and started his carreer in the early 1970s, joining the band A Barca do Sol. He released four solo CDs: Baladas Brasileiras, Caldo de Cana, David Ganc & Quarteto de Cordas Guerra Peixe interpretam Tom Jobim *(nominated for the Tim Music Award 2005) and* Pixinguinha + Benedito, *with Mário Sève.*

He was taught flute and saxophone in the 1st Festival de Música Instrumental Brasileira, directed by Toninho Horta, at Ouro Preto, MG, in 1986.

Besides his long experience giving private classes, David Ganc was a teacher at the Pro-Arte Music Seminars in Rio de Janeiro and in the Villa-Lobinhos project. In 2007, Ganc gave flute workshops at the Centro Municipal de Referência da Música.

Producing or coproducing, he's done 20 CDs. As a session man, David Ganc surpassed the 200 albums rank, recording with several famous MPB artists.

He has played on lots of stages abroad. He has performed at the Mellon Jazz Festival 2001, in Pittsburgh, USA, and in the Tones of Nature Concert, a Tom Jobim tribute. He made a tour with his CD Caldo de cana *in a U.S. South tour.*

He's featured in the CD Sopro Contemporâneo Brasileiro *– a selection of the best Brazilian winds and woodwind players – released in 1994 by the Visom Digital label. He's also featured in the CD* Os Bambas da Flauta *(Kuarup, 2003), which bring together Brazilian flute exponents.*

Site: <http://www.davidganc.com>.
E-mails: <dganc@terra.com.br> e <davidganc@gmail.com>.

CHORO
Duetos

MÚSICAS
SONGS

AGUENTA SEU FULGÊNCIO
CHORO

faixas 1, 14 (base) e 26 (lenta)

Jacob do Bandolim

AGUENTA SEU FULGÊNCIO
CHORO

faixas 1, 14 (base) e 26 (lenta)

Jacob do Bandolim

ANDRÉ DE SAPATO NOVO
CHORO

André Victor Correia

CHORO Duetos
VOL.2

PIXINGUINHA & BENEDITO LACERDA

Coordenação de Mário Sève e David Ganc

CADERNO EM
B♭

MÚSICAS: *SONGS*	**Pág:** *Page*
1. Aguenta seu Fulgêncio	2
2. André de sapato novo	4
3. Atraente	6
4. Cheguei	8
5. Cochichando	10
6. Displicente	12
7. Ele e eu	14
8. Língua de preto	16
9. Matuto	18
10. O gato e o canário	20
11. Só pra moer	22
12. Urubatã	24

Irmãos Vitale Editores Ltda.
vitale.com.br
Rua Raposo Tavares, 85 São Paulo SP
CEP: 04704-110 editora@vitale.com.br Tel.: 11 5081-9499

© Copyright 2011 by Irmãos Vitale Editores Ltda. - São Paulo - Rio de Janeiro - Brasil.
Todos os direitos autorais reservados para todos os países. *All rights reserved.*

AGUENTA SEU FULGÊNCIO
CHORO

Jacob do Bandolim

Bb — faixas 1, 14 (base) e 26 (lenta)

♩ = 120, versão lenta ♩ = 95

AGUENTA SEU FULGÊNCIO
CHORO

Bb — faixas 1, 14 (base) e 26 (lenta)

Jacob do Bandolim

♩ = 120, versão lenta ♩ = 95

contraponto

ANDRÉ DE SAPATO NOVO
CHORO

André Victor Correia

ANDRÉ DE SAPATO NOVO
CHORO

André Victor Correia

ATRAENTE
CHORO

Chiquinha Gonzaga

ATRAENTE
CHORO

Chiquinha Gonzaga

CHEGUEI
CHORO

Pixinguinha *e* Benedito Lacerda

B♭ *faixas 4 e 17 (base)*

CHEGUEI
CHORO

Pixinguinha e Benedito Lacerda

B♭ *faixas 4 e 17 (base)*

♩ = 100

COCHICHANDO
CHORO

Pixinguinha, João de Barro e Alberto Ribeiro

Bb faixas 5 e 18 (base)

♩ = 82

COCHICHANDO
CHORO

Pixinguinha, João de Barro e Alberto Ribeiro

Bb faixas 5 e 18 (base)

contraponto

DISPLICENTE
CHORO

Pixinguinha

DISPLICENTE
CHORO

Pixinguinha

ELE E EU
POLCA - CHORO

Bb *faixas 7 e 20 (base)*

Pixinguinha *e* Benedito Lacerda

ELE E EU
POLCA - CHORO

Pixinguinha e Benedito Lacerda

Bb *faixas 7 e 20 (base)*

LÍNGUA DE PRETO
CHORO

Bb faixas 8 e 21 (base)

Honorino Lopes

♩ = 94

LÍNGUA DE PRETO
CHORO

B♭ *faixas 8 e 21 (base)*

Honorino Lopes

MATUTO
MAXIXE

Ernesto Nazareth

Bb faixas 9 e 22 (base)

MATUTO
MAXIXE

Bb *faixas 9 e 22 (base)*

Ernesto Nazareth

O GATO E O CANÁRIO
POLCA - CHORO

B♭ *faixas 10, 23 (base) e 27 (lenta)*

Pixinguinha *e* Benedito Lacerda

♩ = 144, versão lenta ♩ = 100

SÓ PARA MOER
CHORO

Bb *faixas 11 e 24 (base)*   Viriato Figueira

SÓ PARA MOER
CHORO

Viriato Figueira

URUBATÃ
CHORO

Bb *faixas 12 e 25 (base)*

Pixinguinha *e* Benedito Lacerda

URUBATÃ
CHORO

B♭ *faixas 12 e 25 (base)*

Pixinguinha *e* Benedito Lacerda

CHORO Duetos
VOL.2

PIXINGUINHA & BENEDITO LACERDA

Coordenação de Mário Sève e David Ganc

CADERNO EM

E♭

MÚSICAS: / *SONGS*	Pág: / *Page*
1. Aguenta seu Fulgêncio	2
2. André de sapato novo	4
3. Atraente	6
4. Cheguei	8
5. Cochichando	10
6. Displicente	12
7. Ele e eu	14
8. Língua de preto	16
9. Matuto	18
10. O gato e o canário	20
11. Só pra moer	22
12. Urubatã	24

Irmãos Vitale Editores Ltda.
vitale.com.br
Rua Raposo Tavares, 85 São Paulo SP
CEP: 04704-110 editora@vitale.com.br Tel.: 11 5081-9499

© Copyright 2011 by Irmãos Vitale Editores Ltda. - São Paulo - Rio de Janeiro - Brasil.
Todos os direitos autorais reservados para todos os países. *All rights reserved.*

AGUENTA SEU FULGÊNCIO
CHORO

E♭ *faixas 1, 14 (base) e 26 (lenta)*

Jacob do Bandolim

♩ = 120, versão lenta ♩ = 95

AGUENTA SEU FULGÊNCIO
CHORO

Jacob do Bandolim

E♭ *faixas 1, 14 (base) e 26 (lenta)*

♩ = 120, versão lenta ♩ = 95

ANDRÉ DE SAPATO NOVO
CHORO

André Victor Correia

Eb faixas 2 e 15 (base)

ANDRÉ DE SAPATO NOVO
CHORO

André Victor Correia

E♭ *faixas 2 e 15 (base)*

contraponto

♩ = 120

Copyright © 1948 by IRMÃOS VITALE S.A. INDÚSTRIA E COMÉRCIO - 100%.
Todos os direitos autorais reservados para todos os países.
ALL RIGHTS RESERVED. INTERNATIONAL COPYRIGHT SECURED

ATRAENTE
CHORO

Chiquinha Gonzaga

ATRAENTE
CHORO

Chiquinha Gonzaga

CHEGUEI
CHORO

Pixinguinha e Benedito Lacerda

CHEGUEI
CHORO

Pixinguinha e Benedito Lacerda

COCHICHANDO
CHORO

Pixinguinha, João de Barro e Alberto Ribeiro

E♭ faixas 5 e 18 (base)

♩ = 82

COCHICHANDO
CHORO

Pixinguinha, João de Barro *e* Alberto Ribeiro

E♭ *faixas 5 e 18 (base)*

DISPLICENTE
CHORO

Pixinguinha

Eb faixas 6 e 19 (base)

♩ = 96

DISPLICENTE
CHORO

Pixinguinha

ELE E EU
POLCA - CHORO

Pixinguinha e Benedito Lacerda

Eb faixas 7 e 20 (base)

LÍNGUA DE PRETO
CHORO

Honorino Lopes

E♭ faixas 8 e 21 (base)

♩ = 94

LÍNGUA DE PRETO
CHORO

Eb *faixas 8 e 21 (base)*

Honorino Lopes

MATUTO
MAXIXE

Ernesto Nazareth

MATUTO
MAXIXE

Ernesto Nazareth

E♭ *faixas 9 e 22 (base)*

O GATO E O CANÁRIO
POLCA - CHORO

Eb faixas 10, 23 (base) e 27 (lenta)

Pixinguinha e Benedito Lacerda

♩ = 144, versão lenta ♩ = 100

O GATO E O CANÁRIO
POLCA - CHORO

Eb faixas 10, 23 (base) e 27 (lenta)

Pixinguinha e Benedito Lacerda

♩ = 144, versão lenta ♩ = 100

SÓ PARA MOER
CHORO

Eb *faixas 11 e 24 (base)*

Viriato Figueira

SÓ PARA MOER
CHORO

E♭ faixas 11 e 24 (base)

Viriato Figueira

URUBATÃ
CHORO

Pixinguinha e Benedito Lacerda

URUBATÃ
CHORO

Pixinguinha e Benedito Lacerda

ANDRÉ DE SAPATO NOVO
CHORO

André Victor Correia

ATRAENTE
CHORO

Chiquinha Gonzaga

ATRAENTE
CHORO

Chiquinha Gonzaga

CHEGUEI
CHORO

Pixinguinha e Benedito Lacerda

faixas 4 e 17 (base)

CHEGUEI
CHORO

Pixinguinha *e* Benedito Lacerda

C *faixas 4 e 17 (base)*

♩ = 100

COCHICHANDO
CHORO

Pixinguinha, João de Barro e Alberto Ribeiro

faixas 5 e 18 (base)

COCHICHANDO
CHORO

Pixinguinha, João de Barro e Alberto Ribeiro

faixas 5 e 18 (base)

DISPLICENTE
CHORO

Pixinguinha

faixas 6 e 19 (base)

♩ = 96

DISPLICENTE
CHORO

Pixinguinha

ELE E EU
POLCA - CHORO

Pixinguinha *e* Benedito Lacerda

ELE E EU
POLCA - CHORO

Pixinguinha e Benedito Lacerda

faixas 7 e 20 (base)

LÍNGUA DE PRETO
CHORO

faixas 8 e 21 (base)

Honorino Lopes

LÍNGUA DE PRETO
CHORO

Honorino Lopes

MATUTO
MAXIXE

Ernesto Nazareth

faixas 9 e 22 (base)

MATUTO
MAXIXE

Ernesto Nazareth

O GATO E O CANÁRIO
POLCA - CHORO

faixas 10, 23 (base) e 27 (lenta)

Pixinguinha *e* Benedito Lacerda

♩ = 144, versão lenta ♩ = 100

O GATO E O CANÁRIO
POLCA - CHORO

faixas 10, 23 (base) e 27 (lenta)

Pixinguinha e Benedito Lacerda

♩ = 144, versão lenta ♩ = 100

Copyright © 1977 by IRMÃOS VITALE S.A. INDÚSTRIA E COMÉRCIO - 100%.
Todos os direitos autorais reservados para todos os países.
ALL RIGHTS RESERVED. INTERNATIONAL COPYRIGHT SECURED

SÓ PARA MOER
CHORO

Viriato Figueira

SÓ PARA MOER
CHORO

Viriato Figueira

faixas 11 e 24 (base)

URUBATÃ
CHORO

Pixinguinha e Benedito Lacerda

URUBATÃ
CHORO

Pixinguinha e Benedito Lacerda